Bibliografische Information der Deutschen Nationalbibliothek:
Die Deutsche Nationalbibliothek verzeichnet diese Publikation in der Deutschen Nationalbibliografie. Detaillierte bibliografische Daten sind im Internet über dnb.dnb.de abrufbar.

Malbuch *Welt im Glas*
Band 3
1. Auflage November 2024

Verlag:
BoD · Books on Demand GmbH, In de Tarpen 42,
22848 Norderstedt
Druck:
Libri Plureos GmbH, Friedensallee 273,
22763 Hamburg
ISBN: 978-3-7693-1521-9

Tauchen Sie ein in die zauberhafte Welt des „Malbuch Welt im Glas"!

Willkommen zu einer besinnlichen Reise durch die zauberhafte und fantasievolle Welt im Glas, die zum Ausmalen einladen.

Entdecken Sie die vielfältigen Szenen dieses vierbändigen Malbuches in jeweils 50 Bildern, die darauf warten, mit Leben gefüllt zu werden. Von den schimmernden Wasserflächen und geheimnisvollen Kreaturen bis hin zu traumhaften Landschaften und funkelnden Sternenhimmeln – jede Seite bietet eine neue Begegnung mit der Fantasie. Während Sie mit jedem Pinselstrich die Szenen zum Strahlen bringen, erleben Sie eine Auszeit voller Inspiration und Gelassenheit. Lassen Sie sich von der Farbenpracht leiten und verweilen Sie in den Momenten der Ruhe, die Ihnen dieses kreative Abenteuer schenkt.
Nutzen Sie Ihre Lieblingsfarben, um die Magie und Faszination der Welt im Glas in diesem Malbuch zum Leben zu erwecken und lassen Sie Ihrer Kreativität freien Lauf. Jede Seite bietet eine einzigartige Gelegenheit, sich zu entspannen und in die verträumte Welt der magischen Welten einzutauchen.

Die Malvorlagen, die Sie in diesem Buch finden, stellen eine reichhaltige und abwechslungsreiche Auswahl für eine Vielzahl von Maltechniken dar. Egal, ob Sie sich für die lebendige Farbtiefe von Buntstiften entscheiden, die präzise Ausstrahlung von Filzstiften bevorzugen oder die sanfte, fließende Ästhetik der Aquarellfarben erkunden möchten – dieses Buch wird Sie auf Ihrer künstlerischen Reise nachhaltig inspirieren. Es bietet Ihnen die Möglichkeit, verschiedene Ansätze und Stile auszuprobieren und Ihre künstlerischen Fähigkeiten auf neue Weise zur Geltung zu bringen.

Darüber hinaus sind diese Malvorlagen mehr als nur einfache Zeichnungen; sie sind wahre Einladungskarten an Ihre Kreativität. Der Akt des Ausmalens kann eine beruhigende Wirkung haben – egal ob Sie ein Anfänger sind, der gerade erst seine Liebe zur Kunst entdeckt, oder ob Sie bereits Erfahrung im Ausmalen gesammelt haben. Experimentieren Sie mit unterschiedlichen Farbpaletten, kombinieren Sie unerwartete Töne und lassen Sie sich von jedem neuen Kunstwerk inspirieren, das aus Ihren Händen entsteht.

Ein besonderer Vorteil dieses Buches besteht darin, dass jede Malvorlage auf einem separaten Blatt abgedruckt ist. Dies ermöglicht es Ihnen, jede Vorlage mühelos aus dem Buch herauszutrennen, nach Herzenslust auszumalen und anschließend stilvoll zu rahmen oder an Ihren Wänden aufzuhängen. Jedes Bild wird zum Ausdruck Ihrer persönlichen Kreativität! Tauchen Sie ein in diese Welt des Ausmalens – eine Welt voller Möglichkeiten und unendlicher Inspiration!

Malbuch **Welt im Glas** Band 1 ISBN: 9783769315189

Malbuch **Welt im Glas** Band 2 ISBN: 9783769315202

Malbuch **Welt im Glas** Band 3 ISBN: 9783769315219

Malbuch **Welt im Glas** Band 4 ISBN: 9783769315226

www.wjmarko.at